AF591234

DEUXIÈME ÉDITION

PARIS

NOUVELLE LIBRAIRIE PARISIENNE

E. GIRAUD & Cie, ÉDITEURS

18, rue Drouot, 18

1886

11 oct. 1940.

Monsieur et ami,

J'aurais aimé répondre à votre ~~très~~ gracieuse curiosité en répartissant ces notices vieilles bientôt d'un demi-siècle entre les quatre anonymes.

En feuilletant le volume vous verrez par les initiales crayonnées en marge que je n'y ai réussi que çà et là.

Avec les meilleures cordialités de votre

Félix Fénéon

e petit livre, faut-il croire qu'il doit
a verve à Félix Fénéon et Laurent
ailhade ? Un certain Gustave Le Rouge
'a affirmé, écrit.
Puis-je demander à M. Fénéon cinq
ignes de sa main sur le faux-titre,
n manière d'aveu de paternité ?
. A moins que ce ne soit cinq mots pour
e renier – et le rendre à celui, à ceux
nt il a su sans doute le nom, ou les
noms.
D'avance, j'en remercie M. Fénéon
bien cordialement
Jean Loize

" ... un volume paru en 1886 et maintenant rarissime, le petit Bottin des Lettres et des Arts, presque entièrement rédigé par Félix Fénéon et Laurent Tailhade..."

Gustave Le Rouge
Verlainiens et Décadents
Seheur 1928.

PETIT BOTTIN

DES

LETTRES & DES ARTS

eut pour seuls auteurs
Paul Adam.
Oscar Méténier.
Jean Moréas
et
Félix Fénéon
11 octobre 1940.

Il a été tiré de ce volume 20 exemplaires numérotés sur papier de Hollande.

Petit Bottin

des

Lettres et des Arts

PARIS
NOUVELLE LIBRAIRIE PARISIENNE
E. GIRAUD & Cie ÉDITEURS
18, RUE DROUOT, 18

1886

PETIT BOTTIN

DES

LETTRES ET DES ARTS

ABBEMA (Louise), née en 1855.

Son nom rime à Hobbéma. Son talent, à quoi rime-t-il ?

ACKERMANN (Louise).

Rue des Feuillantines, volète d'Alkhaïos à ses casseroles, en donnant la réplique à Taine, Renan et Havet. Traduisit d'abord, en libres et galantins vers, les parties sexuelles des poèmes hindous, puis vaticina sur des thèmes de Leopardi et de Pascal.

ADAM (Paul).

Repris de justice. Se distingue de ses confrères de la cour d'assises par des costumes d'une pureté géométrique, une allure compassée de plénipotentiaire, de très longs cols où se posent les vingt-trois ans d'une tête immobile que rompt une bouche de joueur de whist. Jusqu'au jour où, à la requête d'un bas agent des mœurs nommé Sarcey, intervinrent les tribunaux, il vécut de la prostitution de *Chair Molle*, dont il rédigeait le block-note en un style neuf, elliptique, impressionniste et filigrané. Il fut, en 1885, le rédacteur en chef du *Carcan* (2 numéros), où il se révéla partisan d'une politique théocratique et battit une tonnante réclame à la Papauté. En 1886, il paraphrase les Evangiles et publie *Soi*.

AGAR, née le 18 septembre 1836.

TRAGÉDIENNE universitaire. Gesticulation lente, majestueuse et tendue, qui découvre impudiquement le chevelu de ses aisselles. Fait la province; répétitions scéniques pour lycéens et aspirants bacheliers. S'occupe spécialement des classiques mis au programme de l'examen. Traite à forfait suivant le nombre des élèves.

AICARD (Jean).

LE troisième littérateur français par ordre alphabétique. Il n'est pas tout à fait le dernier par le talent.

AJALBERT (Jean).

LES tramways et les femmes enceintes l'impressionnent. Il a des mélancolies pour les paysages de banlieue et les amours végétatives des boutiquiers.

Cela l'engraisse.

ALEXIS (Paul).

N'ENTRE dîner au restaurant qu'à l'heure tardive où les garçons empilent les chaises sur les tables et posent les volets. Le seul des *Soirées de Médan* qui garde encore du talent et ne sacrifie pas à la pièce de cent sous. Signe particulier : — Une passion pour l'argot dont il sert chaque matin une tartine dans le *Cri du Peuple.*

ALIS (Harry).

ALAS ! poor mouton du *Panurge.*

ANDRIEUX

HOMME politique spirituel. Débuta dans la magistrature. — S'apercevant au bout de peu de temps que tout n'est qu'injustice en ce monde, il donna sa démission. — Franc-maçon, député et préfet de police, il se convainquit rapidement que la majorité de ses contemporains se composait de fumistes, d'intrigants inintelligents et de scélérats. — Se déclara dès lors zutiste indépendant et eut le courage de le proclamer. Ce dont on ne saurait trop le féliciter.

ANGE-BENIGNE, née en 1832.

Elle fait de ces petites choses qui plaisent aux femmes.

ARÈNE (Paul).

Journaliste, président des félibres et grincheux. Ne pas confondre avec le littérateur du même nom, mort à vingt-cinq ans, après avoir publié un conte charmant : *Jean des Figues.*

ARNOULD (Arthur).

Charpentier l'édite par haîne du style.

ARTHUR (Meyer).

Se sentit, dès son enfance, appelé à de grandes choses: aussi refusa-t-il avec enthousiasme de continuer le commerce des lorgnettes paternelles. Il préféra entrer en qualité de maître d'hôtel au service de Blanche d'Antigny ; puis, ayant réalisé quelques économies, il tailla un peu ses favoris et embrassa la carrière d'homme du monde. — Très intrigant, il parvint à faire croire à l'existence dans ses lobes cérébraux d'un stock d'œuvres complètes et géniales. — Sa calvitie précoce l'aida beaucoup à accréditer la fable de cette puissante incubation. Sacré dès lors « journaliste parisien » et commandité par d'illustres circoncis, il devint directeur du *Gaulois* où, par la plume de ses rédacteurs, il est l'oracle du bon ton. Oubliant les anciens griefs de monsieur Caïphe contre le nommé Jésus, il combat aujourd'hui le bon combat pour *Dieu* et le *Roy*. — A failli, le 4 octobre 1885, devenir le martyr de cette sainte cause. S'est fait moucher suffisamment pour rater les palmes et devenir un peu plus ridicule. — Signe particulier : Vendrait la collection intégrale des prépuces de ses ancêtres pour une invitation chez la duchesse de L. ou la princesse K. O. M

AUDOUARD (Olympe), née le 15 avril 1825.

Femme divorcée.

AUDRAN

Une vielle.

B

BALLANDE (Hilarion).

A gagné un château en Périgord, en faisant danser les ours de quelques vieux procureurs de province.

BANVILLE (Théodore de).

Un portique ancien près du quartier du Maine.
Le galant Jupiter dans une averse d'or
Vient en catimini souper chez Mogador.
Junon, de ses bras blancs, ceint le cou de Dumaine.

Midas dit à Sarcey « cher Maître ». Avec Lindor
Achille en découd pour l'amour de Célimène.
Homère pianote au bal où se démène
Ajax Télamon en habit de matador.

Un écuyer debout sur son noir bucéphale
Fait tressauter le cœur de la princesse Omphale.
Endymion surprend Pierrot avec Phébé.

Cependant que monsieur de Pontmartin, sceptique,
Suit ce spectacle d'un regard louche et plombé
Et n'y découvre pas le moindre sel attique.

T. M.

BARBEY D'AUREVILLY.

DANS ma jeunesse badine,
Je fus plus beau que Musset,
Avec mon joli corset,
Ma rhingrave et ma badine.

J'assommais incontinent
Les bas-bleus dans le *Corsaire*,
Et j'eus pour bouc émissaire
Le blond Mignet. Maintenant

De mon passé je suis l'ombre,
Malgré mes fiers pantalons,
Et je traîne à mes talons
Des nicolardots sans nombre

BARRETTA (Blanche).

UNE modiste en vertugadin.

BECQUE (Henri).

SI ses *Corbeaux* pouvaient absterger la scène des immondices qui l'encombrent !...

BELGES (Les).

Les Atrébates, les Bellovaques, les Véliocasses et les Aulètes envahirent la Gaule Parisienne vers 1882. Ils brandissaient d'épais manuscrits et marchaient d'un pas lourd. Pour couvrir les derrières et, au besoin, les découvrir, Aug. Brancart, Lucien-Charles Hochsteyn et Kistemaeckers. Les ducs étaient Camille Lemonnier, Edmond Picard et le transfuge Cladel ; les chefs de seconde ligne, Emile Verhaeren, George Eekhoud, Khnopff, Ivan Gilkin, Albert Giraud, Max Waller, Théodore Hannon, G. Rodenbach, Henri Nizet. Ils saccagèrent les Etats de Zola, de Barbey d'Aurevilly et de Verlaine. Mais la discorde désagrège leurs masses ; ils sont refoulés vers l'Escaut, la Lys, la Meuse. Lemonnier et la *Jeune Belgique* luttent contre Picard et l'*Art moderne*. La *Basoche* et la *Société Nouvelle* se constituent en tribus autonomes. Kistemaeckers attise les rancunes ; Hochsteyn choit ; Brancart gagne la Néerlande hospitalière. Le virulent Nizet harcèle toutes les factions et s'allie à Kistemaeckers contre Picard et Lemonnier. Serein, le Manneken-Pis arrose les combattants. De ce temps date la prospérité d'Ostende.

BELOT (Adolphe).

Le Daudet des femmes de chambre

BÉRAUD.

Le Coquelin cadet de la peinture.

BERGERAT (Emile).

Il a lu Shakspeare et Bacon,
Mais il est dans son lexicon
Mainte lacune.
Lamartine était de Mâcon;
Bergerat serait-il gascon
Comme la lune?

BERTRAND (Joseph).

Le 8 mai 1842, dans l'accident de chemin de fer où mourut Dumont d'Urville, des mutations fantaisistes s'opérèrent entre son nez, sa bouche, ses oreilles et ses yeux. Sollicité simultanément par un montreur, comme phénomène, et par l'Académie française, comme mathématicien, il opta pour cette dernière.

BILBAUT-VAUCHELET.

C'est une personne fort agréable.

BLANCHE (Jacques-Emile).

En une vision disparaissante, — siestes auréolées d'ombrelles, pivoines sur l'herbe, eaux à canotiers : et déjà se volatilisent au soleil personnages et décor.

BLAVET (Emile).

Pseudonyme de M. Joseph Gayda.

BLAZE DE BURY (Ange).

Littérateur vivant, né en 1813.

BLUYSEN (Paul).

TYPOGRAPHE. A composé une chose, *le Larbin de Madame*, sans doute pour exprimer discrètement qu'il est le larbin de la littérature.

BOBILLOT (Feu).

NE va-t-on pas bientôt nous laisser tranquilles avec cet héroïque sous-off' ?

BOBORYKINE (Piotr).

L'ÉTÉ, inonde Pétersbourg et Nijni d'écrits; l'hiver, Paris, de paroles. Un gai corps de patron de traktir, une volubilité napolitaine, une souple plume de polygraphe, et quel causeur!

BOISSIER (Gaston).

EN des sacs ornés de petites épinaleries historiques cet émule de Siraudin vendait des pastilles anti-catarrhales aux membres de l'Institut. Ceux-ci, par reconnaissance, lui ouvrirent leur vieux sein.

BONNAT.

PEINTRE. Portraicture avec une merveilleuse exactitude les redingotes. Recommandé comme dessinateur de prospectus aux maisons qui fournissent les complets-cérémonie.

BONNETAIN (Paul).

Bonnetain, est-il bon teint?
Est-il de bon ton? Tontaine...
Voit-il lever le matin?
Bonnetain est-il bon teint?
Chacun dit, cité d'Antin
Comme à la Chine lointaine :
Bonnetain, est-il bon teint?
Est-il de bon ton? Tontaine...

BORNIER (Vte Henri de).

L'ombre de Campistron exulte :
Il revit! Peut-on le nier?
Bornier de son art a le culte.
L'ombre de Campistron exulte!
Sourd aux brocards, sourd à l'insulte,
Marche toujours, ô bon Bornier!
L'ombre de Campistron exulte :
Il revit! Peut-on le nier?

BOUCHOR (Maurice).

Une bien belle âme qui s'écoule en des mixtions d'alexandrins !

BOURDE (Paul).

Essayiste érudit et consciencieux en de macroscelles considérations.

BOURGES (Elémir).

Pour historiographier ce Louis XIV en pâte de Saxe, le duc de Brunswick, il démarqua les locutions saillantes de Saint-Simon, et les assembla en une marqueterie : *le Crépuscule des Dieux*. Puis, dégoûté des grands, il fit du reportage criminaliste, et intitula *Sous la Hache* le récit des derniers moments de Marchandon, Ménesclou, Anglicus, Kérangal des Essarts.

BOURGET (Paul).

Il affecte un fort accent anglais, au début de la conversation. Cet accent s'affaiblit après quelques minutes et disparaît complètement au bout d'une demi-heure. Il fut de cette bande de farceurs (Richepin, Bouchor et Cie) qui s'intitulaient des artistes *vivants*, à cause de certaines plates fumisteries de rapin. Bientôt dégoûté de ces pantalonnades, a découvert le dilettantisme, Renan, et la librairie anglaise de la rue de Rivoli. Quoique bien léché, joue la Grande-Ourse dans les caligineux Erèbes de la *Nouvelle Revue.*

BUET (Charles).

Écrivain savoyard. Fait dériver copie de *copia* : abondance. Auteur catholique, dramatique, historique, apostolique, critique, théologique, gastronomique, ironique, géographique, bibliographique, malgré tout cela sympathique.

BUSNACH (William).

Extrait sans douleur un drame en cinq actes du roman le plus rebelle. Débite l'élixir de dialogue et la poudre d'antique mélo. Face grasse et cabotine. Ventre débordant. Pantalon trop court. Petit feutre bon marché, qui s'écrase sur le crâne. En avant la musique!

C

CARAN D'ACHE.

Le seul peintre militaire de l'époque.

CARO.

Possède un mérite : celui de ne pas croire à ce qu'il prêche.

CARAGUEL (Joseph).

Démagogue par l'érubescence de son poil et de ses opinions politiques; Hollandais par sa faculté de gésir des heures pleines sur le même reps d'estaminet, dans des fumées; Narbonnais par son origine, son accent et sa manie discutante. Jure par Vallès et les Goncourt. Romancier, et, plus spécialement, homme de sport. A raconté le Quartier latin dans un pléthorique et sapide livre : *Le Boul'Mich'*. Est radieux, quand il a combiné quelque phrase dont les vocables simulent le bruit d'une insurrectionnelle foule en galoches sous un orage.

CAZIN.

Transporte les scènes bibliques dans des banlieues parisiennes aux tons discrètement émotionnels.

CATHOLIQUES (Les).

Charles Buet. — Nicolardot est une crapule.
Nicolardot. — Buet est une crapule.
Bloy. — Vous êtes deux impavides crapules.
Joséphin Péladan. — Et vous donc!
Laurent Tailhade. — Et vous donc!
Tous. — Crapules! Crapules! Crapules!

CASE (Jules).

Ce porteur d'un grand nom historique a pris ce pseudonyme uniquement pour embêter :

CAZE (Robert).

Il fut secrétaire d'ambassade in partibus sous la Commune. De diplomate, il se fit professeur et de professeur, romancier. Dans ses salons, ornés d'antiques vierges en bois vermoulu et de croquades impressionnistes, la jeune littérature vagit. Il la nourrit à la becquée de la théorie du style simple et lui apprend à vénérer le grrrrand Balzac.

CÉARD (Henry).

Durant quelques ans, convergèrent sur lui les espoirs des naturalistes officiels. On s'accorde aujourd'hui à penser qu'Henry Céard est un distingué numismate.

CHAMPFLEURY.

On demande où est sa tombe.

CHAMPSAUR (Félicien).

Il est arrivé à Paris, il y a huit ou neuf ans, avec des pantalons trop courts, des redingotes trop longues et du toupet. Il a commencé par offrir des fleurs aux maîtresses de quelques vieux gendelettres. Comme poète, il a chanté la gloire du parfumeur Guerlain ; comme prosateur ?... Goudeau avait l'habitude de crier de sa voix puissante en voyant pénétrer Félicien dans les brasseries de Montmartre : « Rentrons nos idées ! Voilà Champsaur ! »

CHARPENTIER.

Le mousquetaire de la librairie : — moustache hérissée ; a pourfendu l'opinion bourgeoise de sa bonne lame naturaliste. Les pschutteux et la *Vie Moderne* l'ont fait choir dans les griffes du gros Marpon qui s'en repaît et gagne.

CHERBULIEZ (Victor).

Qu'on soit Genevois, passe ; mais encore faudrait-il user de cette nationalité avec quelque modération.

CHRISTOPHE (Jules).

Le chargé d'affaires de Molière, de Duranty et de Balzac. Mouvements fébriles, chevelure en révolte, sinus nerveusement sculptés. Petit-cousin de Couthon, il a de qui tenir : décapiter des romanciers idéalistes, c'est son rêve. Est embêté par l'éminent et chauve balzacien Anatole Cerfberr son collaborateur.

CLADEL (Léon).

COUVERT d'un feutre dont les bords fluent vers ses épaules, nippé en loqueteux de mélodrame, perspirant un fleur où s'exaspèrent les caproates alcalins, le cuir aduste et pileux, tel, dans les sauts de hauts chiens baveux, apparaît Cladel. Les traités d'obstétrique en proscrivent la vue.

CLARECIE (Jules).

POURQUOI s'obstine-t-on à l'appeler Claretie ?

COLOMBIER (Marie), née en 1839.

AUTEUR dramatique. Romancière à secrétaires. La Récamier de l'opportunisme. Elle est ravie, quand elle rencontre Sarah, qui ne manque point de lui tirer la langue.

COMEDIE FRANÇAISE.

A l'admiration des provinciaux et des universitaires, ses cabotins triomphent parmi les décors surannés et les alexandrins pauvres de rime.

Sur tous, les Coquelin pontifient. Une bouche énorme, une face de cocher, des monologues, des gestes du Conservatoire servilement réédités leur valurent cette grandeur. Jadis ils confectionnaient à Boulogne des gâteaux et des petits-fours. C'était mieux.

Delaunay fait parler les marquis de Molière comme les petits jeunes gens du Faubourg. On cherche au fond de la scène Longchamps, des jockeys, des bookmakers.

Pathelin-Got chevauche à la perfection les manches à balai.

Samary semble une réclame de dentiste, Reichemberg une évocation de Déroulède, une province perdue ! Peut-être manifesteraient-elles du talent si l'usage de la maison n'exigeait point le respect de traditions stupides, respect qui les ankylose.

Pour le moderne, Sacs et Parchemins, l'Honneur et l'Argent, la prétentieuse géométrie sociale de Dumas fils, la réhabilitation des filles-mères, des bâtards et des républicains forment tout le répertoire.

Ce sont les pièces jouées, soignées, choyées. Mais une comédie de Banville attend quinze ans son tour, APRÈS M. Raymond Deslandes.

Ainsi fut-il sous le règne de Perrin. Aujourd'hui M. Claretie dirige l'établissement. Des gens prétendent qu'il fut littérateur.

COPPÉE (François).

Un exemple de ce que peut l'esprit de suite dans le commerce de la lingerie à bon marché. Sert une frétillante clientèle de petites ouvrières; de mœurs pures et surveillé par sa sœur, il n'abuse que rarement de leur jeune enthousiasme. A récemment joint à sa boutique de blanc un magasin d'accessoires de théâtre et de costumes historiques pour modèles, à l'enseigne des *Palmes Vertes*. Porel est commis à l'entretien de cette friperie; dans la poussière qui en émane, des voix de cabots jettent : « J'ai tué le tyran ! — C'était ton père! — Ah! »

CRI DU PEUPLE (*Le*).

Donné par Séverine à Vallès. LUI, rassembla immédiatement une rédaction de gens pas forts, afin que son talent fût mis en toute valeur par des articles *repoussoirs*, lesquels furent confiés à :

— *Lucien-Victor-Meunier*. C'est à lui que s'applique la parole du poète : « Monsieur Pignouf vaticinant des absurdités sur le mont Sinaï. » Au physique, tête satisfaite de chimpanzé grignotant. Grand pisseur de copie. S'apitoie particulièrement sur les petites dames délaissées. Auteur d'une turpitude littéraire, *Marat*, qui n'eut pas de succès aux Bouffes-du-Nord.

— *Massard*. Celui qui exhibe le plus de qualités dans cette feuille où, du reste, il n'écrit pas. Dispositions remarquables pour la mise en pages ; allure d'académicien calvite et gras.

— *Duc-Quercy*. Célèbre par le meurtre de Ballerich. Succès nombreux auprès du sexe, dus, prétend-il, à sa jolie taille.

— *Guesde*. S'exprime difficilement en français.

— *Goullé (Albert)*. Collectionneur d'abus patronaux. Gilet lacrymatoire ouvert aux doléances de l'ouvrier.

— *Séverine*. Née en 1858, jolie blonde, élève de Vallès. Vie épique.

CROS (La famille).

Joujou, pipi, caca, dodo,
Do, ré, mi, fa, sol, la, si do.
Charles dont l'esprit s'atrophie
Invente la photographie
Des couleurs, et même il écrit
De longs poèmes en sanscrit.
La bonne émiette une panade
Qui mijote, gluante et fade ;
Antoine, le fameux docteur,
Parle sur un ton radoteur ;
Henry, le statuaire, gâche
Du plâtre, avec un air malgache :
Et tous, chaque soir, au salon,
Beuglent, au son du violon,
Afin que demain l'on s'éveille
Pour une existence pareille,
Do, ré, mi, fa, sol, la, si, do,
Joujou, pipi, caca, dodo.

D

DALOU (Jules).

INSURGÉ de la Commune, devenu statuaire. Dans un art aboli sur lequel vivent mal quelques centaines de gâcheurs ridicules, se manifeste robuste, vériste et aventureux.

DAMALA (Jacques).

O jour de gloire et de délices
Où Besson lui tendit la main!
Plus de fiel au fond des calices!
O jour de gloire et de délices!
Depuis ce jour, dans les coulisses,
Il regarde de haut Romain.
O jour de gloire et de délices
Où Besson lui tendit la main!

DARZENS (Rodolphe)

Le poète de la Nuit. Cheveux en broussailles et lèvres qui baisent le vide. Taille gigantesque; gestes de piston à vapeur. Il travaille face à face avec une tête de mort dorée; des cornues et des flacons étranges encombrent le haut de sa bibliothèque.

DAUDET (Alphonse). N. C.

Exportation.

DAUDET (Ernest).

Un peu, un peu plus de talent que son frère.

DEGAS.

Une cuisse, une fleur, un chignon, ballerines contordues en l'envol du tutu; le nez d'un pompier; rashers et jockeys évoluant sur le vert; une main de modiste dans une palpitation de plumes et de rubans; des cires peintes qui vivent. Cinématique infaillible. Les roueries des lumières artificielles surprises. Le Moderne exprimé.

DELIBES (Léo).

Un mirliton.

DELPIT (Albert).

Beau de candide niaiserie, ce doux Jocrisse tend, du seuil de Buloz, le bassin où stagne, sans une ride, la gélatine de ses Alberquinades. Circulons: on s'y poisse.

DELPIT (Martial).

Frère cadet du précédent. Naquit à Cahuzac, en 1813, (la même année que M. Ange Blaze de Bury). Auteur d'un *Mémoire sur les sources manuscrites de l'histoire municipale de la ville d'Amiens*. (Médaille d'or de l'Académie des Inscriptions et Belles-Lettres en 1841.)

DENNERY (Adolphe).

Fabrique de câbles.

DENTU (Maison Edouard).

On frémit en songeant au compte terrible qu'a dû rendre à Dieu ce pauvre Dentu, qui n'a pas craint de se faire sur cette terre le complice de MM. Emile Richebourg, Xavier de Montépin, Jules Mary et André Chadourne.

DÉROULÈDE (Paul).

CAMELOT. Vend des broches tricolores et des cartes transparentes patriotiques dans les cohues, des immortelles aux obsèques des culottes de peau, brocante, à proximité des casernes, capotes, ceintures de gymnastique, pantalons, basanes. A monopolisé ces industries. Durant les mortes saisons, compile des anecdotes de mess. Le poing aux Vosges, héroïque, se fait tuer tous les soirs, vers onze heures vingt, dans les baraques des impresarii forains qui montent des drames militaires.

DESCAVES (Lucien).

SERGENT-MAJOR talenteux. Un mètre cinquante-quatre centimètres. — Pour se grandir, s'est fait un piédestal du *Calvaire d'Héloïse Pajadou.*

DESCHAUMES (Edmond).

IL prétend se contenter pour écrire de la langue de Labruyère. Son portier s'appellerait-il Labruyère?

DETAILLE (Edouard).

PETITS soldats de zinc de toutes armes. Boîtes de 50, 100 et 150 ; couleurs non vénéneuses. Ex-adjudant au 6e chasseurs à pied.

DODILLON (Emile).

ANCIEN séminariste. Ample barbe d'encre. Bien qu'il soit nyctalope, exerce en Seine-et-Oise la profession de vétérinaire rural. Ses observations sur les bêtes, les villageois, il les consigne en de sincères, âpres et goncourtiens romans.

DOUCET (Camille).

« CONSIDÉRATION ! Considération !
» Sa seule passion ! Sa seule passion ! »

DROZ (Gustave).

IDIOT.

DRUMONT (Edouard).

Il émet dans le *Monde* des opinions discrètes.

DUBOIS-PILLET.

Capitaine et impressionniste. Monocle. Brosse superbe et moustache dure. Des fleurs, des paysages, des portraits et des bonshommes. Il est parvenu à saisir l'irradiement du soleil hivernal réfracté par les cristaux de glace en suspension dans l'atmosphère gelée. Il en est fier.

DUBREUILH (Gaston).

La barbe bifide. La senestre triturant le pommeau d'une épée virtuelle. Le jeune maestro estime Rossini un peu pour son talent et beaucoup pour sa gourmandise. A le culte de Wagner et la haine des wagnériens.

DUBUT DE LAFOREST.

Quel marchand de mélasse !

DU CAMP (Maxime).

Garde-chiourme de talent.

DUJARDIN (Edouard).

L'analyste des *Hantises*. Le directeur du seul périodique français qui témoigne de quelque génie: la *Revue Wagnérienne*.

DUMAS (Alexandre).

Protecteur de Trouillebert. Inventeur de coupe-papiers pour solution d'adultères.

DURAND (Charles), dit Carolus Duran.

NE sait même plus brosser les peluches, les alépines, les moires, les brocarts où se drapait sa réputation.

DUVAL (Georges).

Vous avez copié textuellement plusieurs pages de Balzac.

— Que voulez-vous ? J'ai une si belle mémoire.

E

ENNE (Francis).

Ne voyant dans la *Vie Simple* qu'un titre à volume, il fut un des plus solides buveurs des Lettres actuelles. Abstème, désormais. Le lait d'ânesse que de sévères ordonnances lui imposent ne parvient pas à chasser de son jovial mufle les couleurs cardinalices.

ERCKMANN-CHATRIAN.

Ces patriotes.

F

FABRE DES ESSARTS.

C'EST plein de Fabre et de des Essarts, les journaux et les librairies. Celui-ci toutefois se distingue de ses homonymes, les Alfred et les Émmanuel, par cette particularité : il a du talent ; mais, enclin aux bonnes farces, il le voue à la confection de brochures synarchistes.

FABRE (Ferdinand).

PHOTOGRAPHE. Fournisseur de l'Archevêché. — Tarifs spéciaux pour MM. les membres du clergé. A écrit une histoire de la Pucelle d'Orléans, que, pour la circonstance, il a cru devoir signer Fabre *Joseph*.

FAHRBACH

UN chapeau chinois.

FANTIN-LATOUR.

INVENTEUR du fusain à musique et de la lithographie wagnérienne.

FAVART (née Pierrette Ignace Pingot, en 1833.)

EN traînant sa voix sur les syllabes muettes des alexandrins, elle se fit de belles rentes. Elle vieillit heureuse, digne et considérée, car elle eut de beaux bras.

FÉNÉON (Félix).

Dans une face de politique yankee, parmi des gestes réservés de diplomate habile, un rire clair et sonore de jeune miss éclate, secoue parfois cet indéchiffrable. Il écoute avec componction la lecture des manuscrits que lui infligent ses relations littéraires. Au fond il ne croit à rien et se moque. A peine enguirlande-t-il de louanges les noms de Poictevin, de Verlaine, de Moréas, de Mallarmé,... et de Paul Alexis. *La Revue Indépendante* vécut par lui son existence révélatrice de très curieux écrivains.

FEUILLET (Octave).

Bien avant Léo Taxil, il se convertit au catholicisme. Il pétrit des romans à l'eau bénite après avoir longtemps pétri des romans à l'eau sucrée, car les anciennes lectrices de ses adultères pommadés sont devenues, las ! douairières et dévotes.

FÉVAL (Paul).

PRENEZ quelques tranches d'Alexandre Dumas; ajoutez-y un peu de Ponson du Terrail; saupoudrez avec une pincée d'Elie Berthet; faites revenir le tout par quelques cuillerées de Gaboriau, et vous aurez un roman de Paul Féval, première manière, qu'il s'appelle le *Roman de minuit*, la *Bande Cadet* ou le *Chevalier Ténèbre*. — Cette recette n'ayant pas donné les résultats désirables, Féval Paul chercha son chemin de Damas. Il le trouva rue des Saints-Pères. — Aveuglé par la grâce et recueilli par un vénérable ermite, le R. P. Palmé, il confessa ses fautes, livra son corps aux plus dures macérations et fit vœu de pauvreté. Il consacre sa vie, depuis sa conversion, à la composition d'opuscules pieux pour la plus grande édification des pénitentes de son Directeur.

FÈVRE (Henry).

LE Saint-Amand du Naturalisme. Son collaborateur Louis Desprez en a été le saint Symphorien.

FIGARO (*Le*).

L'ORACLE de la magistrature, de l'armée et de la banque. — Il dirige le goût de ce public payant. Il lui dit quelles pièces il faut voir, quel livre acheter, quelle musique entendre, quelle peinture admirer. Et ce public voit jouer la pièce, achète le livre, écoute la musique, admire le tableau, sans discuter le sentiment qu'on lui impose. Aussi *le Figaro* dispense-t-il aux artistes la richesse ou la famine, la gloire ou l'obscurité.

Philippe Gille, Vitu, Wolff sont les juges sans appel du talent. Ils décernent la marque du bon goût ou la refusent, et Périvier présente les élus.

Parisis-Blavet et sa meute de secrétaires éparpillent sous les yeux des lectrices les chiffons à la mode avec le coup de pouce d'étalagistes expérimentés.

En ces colonnes parurent Rochefort et Ignotus, Wolff et Méténier, Delpit et Goncourt, Grandlieu et Vallès, Bonnetain et Bergerat. C'est le journal-caméléon, le chatoiement des opinions et des idées, l'impertinence et l'effarouchement. Bataille conte les viols et les adultères à faire déployer les éventails devant les visages. On y combat monseigneur Freppel et on fait de la réclame à Lisbonne. Monselet signe un article : dans celui d'au-dessus on a traité Zola de pornographe.

Incohérence boulevardière exquise. Foire aux goûts. Asphalte et falbalas. Bouts de cigares et pamphlets. Coups de canne et bulles pontificales. Pots de chambre de grands seigneurs et démêloirs d'actrices. Livres de stratégie et bonbons Charbonnel. Numismatique. Mandements épiscopaux. Souvenirs de Charles Monselet. Pastilles Géraudel. Avenir du Panama. Duo de Mireille. Tartarin sur les Alpes. Mademoiselle Lili. Gants à trois francs soixante-quinze centimes. Précepteur parlant six langues. Un délicieux perruquier dont les femmes raffolent... et leurs amants... et les maris.

Succès.

FLOUPETTE (Adoré).

Deux gros farceurs, ce masque : Beauclair, secrétaire de la *Petite Presse*, bâtonniste ès triolets; Vicaire, de Bourg-en-Bresse, comme Faret, et son rival souvent heureux.

FORAIN (J.-L).

En un dessin argotique, les foulards des bonneteurs, la bouche et les yeux des filles au gaz, les chairs de brothels, l'obliquité des escarpes, les portraits de M. Grévy et de mademoiselle Rousseil.

FOUQUIER (Henry).

L'hécatoncheire du journalisme. Opportuniste en amour, en politique et en art. En amour, c'est bien.

Et du style.

FOUQUIER (Marcel).

Ou *le Rival de son père.*

FRANCE (Anatole).

Délicats, mais, peut-être, fastidieux, ces nobles vers.

FRANCE (Hector).

Se délecte aux dessous moites des petites filles de Londres et de Tunis, se passionne pour le commerce des religieuses nymphomaniaques et des penards de presbytère.

G

GAULOIS (*Le*).

I

DANS le boudoir de satin cerise où Meyer Arthur repose ses membres beaux, Mitaine de Soie, née le 1er janvier 1836, parlait ainsi :

— O Arthur, quand j'abandonne ma tête lasse d'amour dans ton gilet blanc, je suis comme l'oiseau dans son nid duveteux.

Ainsi parlait-elle, et l'homme du monde répondit :

— Je te donnerai comme à ma sultane la plus chère un bouton de ce gilet avec lequel je présidai jadis les fêtes de Paris-Murcie.

* * *

Et soudain, une grande voix envahit le boudoir de satin cerise, et cette voix proférait : — Trop de littérature ! Trop de littérature !

* * *

Et resplendit le visage prophétique de Cornély, et Arthur se voila la face, et Mitaine s'évanouit.

II

Dans le boudoir de satin cerise où Meyer Arthur repose ses membres beaux, Gyp, née le 1er avril 1836, la toute gracieuse, parlait ainsi :

— Quand je colle mes lèvres sur ton front poli, il me semble que je suis une belle fille d'Orient qui rafraîchit ses lèvres sur la margelle d'une fontaine.

Et Arthur répondit : — Cette poésie délicieuse a pénétré mon cœur. Serait-ce une phrase du *Petit Bob* ?

Mais la voix du prophète, qui résonne comme un *Clairon*, mugit : — Trop de littérature ! Trop de littérature.

Et Arthur se voila la face, et Gyp s'évanouit.

III

Sous les feuillages de l'allée des Poteaux, elles vont, les jeunes amazones, — emportées par le galop des steppers, comme les feuilles mortes par le vent d'automne.

Mais voici que la jalouse Mitaine jette sur le bras de Gyp le vitriol qui corrode.

Et elle rentre heureuse, la vindicative enfant que le printemps n'a pas nimbé plus de quarante-huit fois de ses soleils d'or.

Et pour se venger de l'infidèle Arthur, elle s'enivre de délices clandestines avec Tatave.

Mais le monsieur qui payait Mitaine pour garnir ses matelas la trouva mauvaise.

Et comme Gyp, la toute gracieuse, l'invitait à l'amour il lâcha pour elle sa folâtre maîtresse.

Et Mitaine se trouva dans la débine, et Gyp fut vengée.

IV

Pour que la postérité n'en ignorât, Gyp écrivit cette histoire qu'elle intitula *le Druide* et qu'Havard, l'éditeur bleu, publia.

Mais comme Tatave était dépeint dans cet écrit en tenue de bain, il provoqua Havard en combat singulier.

* * *

Mais le prudent Havard préféra s'en remettre à l'arbitrage du commissaire de police. Et de désespoir Tatave s'en fut à la campagne perpétrer un roman.

V

Et Arthur Meyer, l'homme du monde, trônait toujours dans l'absolue sérénité de sa splendeur.

GALLI-MARIÉ, née en 1846.

Les vitrines à exhibitions photographiques de la rue de Rivoli étalent d'elle tout ce qu'il en faut connaître.

GAUTHIER-VILLARS (Henry).

Pour expier certain livre imprudent sur... mettons Bret-Harte, ce clubman aux moustaches pénicillées est devenu le forçat de l'hilarité cœliaque. Garde son boulet au lit, à la frontière belge, chez mademoiselle Depoix, devant les épreuves de mathématiques de l'imprimerie paternelle, partout. Inventeur du calembour chargé à la glyoxyline et à la nitromannite. La majeure part de ses produits pyrotechniques sont livrés aux artificiers Gaston Villars, Jim Smiley, Henry Maugis et Boris Zichine.

GAUTIER (Émile).

La prison le dégoûta de l'anarchisme.

GAUTIER (Judith).

PRINCESSE chinoise, élevée par de subtils mandarins à boutons de malachite. Pâmée en l'opium, elle empreint sur le papier de riz la configuration de ses rêves de fleurs, de dragons, d'ailes, de nues.

GÉROME.

EST-CE parce qu'il est membre de l'Institut qu'il esquive la cour d'assises ?

GERVEX.

EUT quelque valeur ; mais, prudent, il vint vite à résipiscence.

GHIL (René).

APRÈS de noires initiations et des années d'étude, on peut affronter son altière *Légende d'Ames et de Sangs*. Quant à son *Traité du Verbe* (avec préambule de Mallarmé), il est fort répandu dans les écoles primaires.

GIL BLAS.

Le père Dumont eut une idée. Il l'appela Gil Blas et lui mit en bavoir une phrase de Jules Janin.

Villemot et Richepin l'allaitèrent d'amertumes et d'ironies. Maizeroy la sevra avec des fondants à la cantharide. Silvestre lui apprit à rire et Vallès à mordre. L'idée grandit et s'éleva au-dessus du médiocre.

Alors Sarcey bava. Il revêtit ses insignes de délateur accrédité auprès de Sa Majesté Marianne. Il se passa au cou la chaîne d'acier où est suspendue une feuille de vigne, emblème de sa charge. La pudeur des épiciers sur laquelle il veille condamna.

Honnie par les imbéciles, l'idée réussit. Son usine littéraire fut installée supérieurement. Le patient Mendès y construit sur des pointes de seins des chroniques futiles comme des châteaux de cartes et compliquées comme des créations de confiseurs. Le gros Maupassant tourne en style d'amateur les petites aventures et les petites pensées des petites gens. Banville y fait de la musique. Zola établit au rez-de-chaussée ses énormes, puissantes et bruyantes machines dont trépide le monde lettré. Alexis y dissèque des âmes et Monin y anatomise des corps. Le baron de Vaux potine, Xau raconte et Ginisty bavarde.

Et l'usine marche, et l'idée encaisse, et tout ce bruit plaît.

GILLE (Philippe).

Ce nom évadé de la Comédie Italienne a porté bonheur à vingt pièces sans mélancolie : *Le Serpent à plumes, les Charbonniers, l'Ecossais de Chatou...*

GINISTY (Paul).

Il fait de la critique au *Gil Blas*, de la chronique partout, dirige *la Vie Populaire*, qui prospère, collabore avec Gramont, et passe le reste de son temps à rendre service à ses camarades. Puis, chaque soir, se couche, en se disant : — Encore un jour perdu pour l'Art ! — Poseur, va !

GIRAUD.

Rue Drouot, 18, défilent, chaque soir, vers cinq heures, sous l'alacrité de son œil, les célèbres de demain. Cherche parmi eux le Balzac qui édifiera la gloire de sa *Librairie Parisienne :* ne désespère pas de le trouver.

GONCOURT (Edmond de).

GRENIER dominical, préfaces, amour fraternel et académie des Dix — constituent les menues tares du Maître qui a formulé ces livres suprêmes : *la Faustin* et *Chérie*.

GOUDEAU (Emile).

MONOLOGUISTE distingué. Il rime pourtant moins bien que Paul Bilhaud.

GOUNOD.

ILLUSTRE amant anglais. Il compose de la musique rudimentaire à la portée des intelligences faiblardes qui hantent les avant-scènes de l'Opéra.

GRAMONT (Louis de).

FILS du poète des sextines. Poète lui-même. Chroniqueur de l'*Intransigeant*, barbèle des dards, qu'il fiche dans l'adipocire de la morale bourgeoise.

GREVIN.

Fabricant de petites femmes pour arches de Noé.

GRÉVY (Jules).

Quoique président de la République, il importune les contribuables par des traductions anonymes en vers blancs des fables de Phèdre et des opuscules érotiques de la basse latinité.

GUAITA (Stanislas de).

A hérité de la baguette magique d'Eliphas Lévy.

GUIGOU (Paul).

Gouachait, dans la *Revue Moderniste*, de la critique sentimentale sur les impressionnistes et les psychologues, quand, brusque, l'artillerie l'arracha aux Lettres.

H

HAVARD.

Ressemble au Béarnais et ignore la littérature. Laquelle de ces qualités rend si prospère son commerce ?

HADAMARD (Mlle), de l'Odéon, née le 30 septembre 1849.

LA tant bonne pour son père
Et pour sa maman aussi
Faut-il qu'on la vitupère ?

O leur langue de vipère
Qui tourmente sans merci
La tant bonne pour son père !

Et vraiment je désespère !
A propos d'un *non*, d'un *si*,
La tant bonne pour son père
Faut-il qu'on la vitupère ?

J M.

HALÉVY (Ludovic), académicien.

LUDOVIC, qu'as-tu fait de ton frère Henri ?

HEBERT (Ernest).

Des yeux pochés flottent dans de rêveuses faces : « madones » travaillées aux estompes et aux fards blonds ; « sultanes » ensevelies en des piétés léthargiques.

HENNEQUIN (Alfred Nicoclès).

Le déficit ? Mais pour le combler il suffirait que le fisc imposât les portes et fenêtres par où font irruption sur les planches les vifs fantoches de ce vaudevilliste. Dénoncé à la Commission du Budget.

HENNEQUIN (Emile).

Rédige, en un style acérain, aux syllogismes homocentriques, des scolies sur : Goncourt, Flaubert, Mallarmé, Dostoïewsky, Heine.

HENNER (I. I.)

Ne peint que des personnages sans voiles et vus à travers l'eau glauque d'une baignoire. Serait-ce pour encourager ses contemporains à l'usage de l'hydrothérapie ?

HENNIQUE (Léon).

Relate des cocuages bourgeois et les souvenirs ternes de son enfance de fils de gradé aux colonies. S'exprime couramment dans le pur dialecte médanien. A l'air de suivre ses obsèques.

HENRY (Charles).

Déclare sans sourciller dans un article esthétique: — « Le rythme est un changement de direction » déterminant, sur une circonférence dont le centre » est au centre du changement, une division géométri» que possible aux termes de la théorie de Gauss. »

Mesure au dynamographe la valeur d'une métaphore de Mallarmé, commente au tableau noir les vers de Jules Laforgue, trace des graphiques de maladies, réduit en équations les tableaux de Degas. Prouverait que des relations rigoureuses lient la solubilité du nitrate de plomb à la révolte des Taïpings.

HEREDIA (José-Maria de).

ORFÉVRERIE, damasquinerie, cuirs cordouans.

HOCHE (Jules).

IL est petit ; il est blond ; il a l'air doux et timide ; il a eu pourtant des tas d'aventures, dont il a narré quelques-unes en un substantiel et antithétique volume : — *Le Vice Sentimental.* — (Amours d'Asnières. — Amours d'Afrique). Honni soit qui mal y pense !

HOUSSAYE (Arsène).

FUT meunier et beau. Célèbre par ses redoutes. Chanta la crinoline et les robes à paniers avec talent.

HUŸSMANS (Joris-Karl).

Mince masque, crevé d'yeux luisants, au nez en doucine, dominé d'une brosse qui s'apâlit. Sur les trottoirs, serré dans un veston bistre, il passe vite, d'une allure frileuse. Rue de Sèvres, ses murs se plaquent de vieilles gravures, d'aquarelles impressionnistes, de fusains; l'alopécie d'un obèse chat y feutre de poils jaunes les mollets.

Fait, dans tous ses romans, clamer ses revendications par quelque protagoniste: elles portent sur les sautes barométriques, le titre des alcools, l'âcreté du tabac, le tapage des tramways, la bêtise des filles, l'inclémence du bœuf. A inventé une phrase, — une phrase virulente, comminatoire et sans dessous, tatouée de sauvages métaphores, apte à susciter des choses nauséabondes, denses et tumultueuses.

Effroi des typographes et des relieurs: il exige d'eux des tirages sur papiers hostiles à toute impression, et des reliures en peau d'ornithorinque et de tapir. F. F.

HYACINTHE (le Père), dit Loyson.

DÉBUTA à Notre-Dame; de là, passa au Palais-Royal où il créa avec beaucoup de succès : *Jocrisse, la Sensitive, le Tigre du Bengale*, etc. Fatigué de la vie de théâtre et comme ses directeurs refusaient de renouveler son engagement aux conditions qu'il imposait, il rentra dans la vie privée. Tient, rue d'Arras, n° 3, un magasin de cultes en tous genres, fait les réparations et va-t-en ville.

I

IGNOTUS (Baron Ferdinand Platel).

10. — Or je fus ravi en esprit un jour de dimanche et j'entendis derrière moi une grande voix comme est le son d'une trompette,

11. — Qui disait : — Je suis l'alpha et l'oméga, le premier et le dernier ; écris dans un livre ce que tu vois.

. . . .

12. — Alors, je me tournai pour voir celui dont la voix m'avait parlé et, m'étant tourné, je vis sept chandeliers d'or.

13. — Et, au milieu des sept chandeliers d'or, un personnage semblable à un homme, vêtu d'une longue robe et ceint d'une ceinture d'or, à l'endroit des mamelles.

14. — Sa tête et ses cheveux étaient blancs comme de la laine blanche et comme de la neige, et ses yeux jetaient comme une flamme de feu.

15. — Ses pieds étaient semblables à l'airain très luisant, comme s'ils eussent été embrasés dans une fournaise, et sa voix était comme le bruit des grosses eaux.

16. — Et il avait en sa main droite sept étoiles, et de sa bouche sortait une épée aiguë à deux tranchants, et son visage était semblable au soleil quand il luit dans sa force.

17. — Et lorsque je l'eus vu, je tombai à ses pieds comme mort, et il mit sa main droite sur moi en me disant : — *Ne crains point, je suis le premier et le dernier.*

IVRY (Vicomte Ogier d').

Un Pittié subalterne.

J

JAVEL (Firmin).

Voir Deschaumes.

JONCIÈRES (Victorin).

Je crois que c'est un musicien.

JULLIEN (Jean) dit « Trouble-Cœur ».

NE craignez point, mères prudentes! Jean Jullien est simplement un garçon de talent. Il l'a prouvé par son livre.

K

KISTEMAECKERS

Éditeur belge et intelligent; lieutenant de pompiers, décoré de la Croix Civique (ne pas confondre avec l'ordre de Léopold Carton). Fournisseur breveté des Tribunaux de France et de l'Etranger. Beaucoup de flair artistique.

KONING.

Négrier en blanc.

KRZYZANOWSKI, dit Sigismond Lacroix.

ROCHEFORT l'a dénommé : le Poniatowski de la Barrière du Trône.

L

LAFFITTE (Jules).

Directeur du « *Voltaire.* »

ACTE Ier.

Dans le cabinet de M. Laffitte, au *Voltaire.*

M. RANC, M. LAFFITTE.

M. Ranc. — Vous feriez bien, mon cher Laffitte, après avoir publié *Nana*, de demander un roman à

6

Edmond de Goncourt : cela ferait du bien à votre journal.

M. Laffitte. — Vous croyez?

M. Ranc. — J'en suis sûr.

ACTE II

Même décor.

M. EDMOND DE GONCOURT, M. LAFFITTE.

Edmond de Goncourt. — J'ai reçu votre lettre, monsieur, et je viens m'entendre avec vous au sujet du roman que vous voulez bien me demander.

Laffitte, *se rengorgeant dans son fauteuil et d'un petit ton protecteur.* — Et comme cela, mon gaillard, il paraît que nous avons du talent ?

Edmond de Goncourt, *abasourdi.* — ??

Laffitte, *de même.* — Oui, oui, on a quelque chose dans le ventre. C'est bien, c'est bien, on va vous pousser. Voyons, avez-vous une petite machine ?

Edmond de Goncourt, *très froid.* — J'ai un roman sur la vie de théâtre, *la Faustin.*

Laffitte, *toujours protecteur.* — Je vous avouerai que cela m'est profondément indifférent, mais les affaires sont les affaires. Voyons votre prix ?

Edmond de Goncourt. — Un franc la ligne.

Laffitte, *bondissant.* — Un franc la ligne ! Vous n'y pensez pas ! — Voulez-vous 25 centimes ? (*Edmond de Goncourt se lève.*)

Laffitte. — Ah ça ! mon garçon, vous êtes bien exigeant ! Mais, *après tout, qu'est-ce que vous avez donc tant fait ! !*

. . . .

Rideau.

LAFORGUE (Jules).

Glabre et dodu jeune homme. Chante à la Lune d'insidieuses et aromales Complaintes, des litanies incantatoires. Ce Sélénite est lecteur de l'impératrice Augusta. O les affres de cette dame, s'il lui lit ses poèmes !

LAMBER (Juliette), née en 1836.

Des Sarcey, des Bornier, des Noël Blache, des Charles Lomon, des Harry Alis.

Oh ! madame !

LAMOUREUX.

STOIQUE, il supporta les tempêtes de sifflets et le bombardement des petits bancs, sans renoncer à dompter le public avec la mystérieuse musique wagnérienne. Par sa flegmatique obstination d'homme gros et myope, il triompha.

LAURENS (J.-P.)

RESTAURE les maçonneries mérovingiennes et passe au badigeon les momies historiques. Boucanée par les travaux de force, la peau de ce vieux manœuvre est insensible aux saisons : cela suffit-il à expliquer que tels personnages, les enfants et les jeunes filles de la *Mort de sainte Geneviève*, au Panthéon, vaguent tout nus, en janvier 502 ?

LEBLANC (Léonide), née le 8 décembre 1846.

ETOILE pâlissante de l'Odéon. Elle reçoit dans son hôtel, outre la famille d'Orléans, quelques jeunes poètes dont elle emploie la verve à autographier avec dédicaces des tambourins choisis par elle dans les Grands Magasins du Louvre.

LECONTE DE LISLE.

Au bord de la sainte Gangâ, où les rosiers sont géants et les lotus plus doux que des asperges, le Poète barbare est assis majestueusement sous un dais de peaux de bêtes et de pierreries. En vain pour l'égayer, le singe savant virevolte ; en vain l'éléphant sacré lui tire sa révérence. L'œil du SUCCESSEUR reste dur, derrière le monocle, et immuablement fixé sur la Mare des Palmipèdes.

Et des chiens errants hurlent à l'entour, et ce sont des reporters

LEGAULT.

Chantons sa chevelure
A la riche annelure
Et l'aube de ses seins
Sur les coussins,

Et ses oreilles jointes,
Et les hautaines pointes
De ses sourcils arqués
Et bifurqués ;

Chantons aussi sa bouche
De bacchante Nitouche,
Et quant à sa vertu,
Turlututu.

J. M.

LEGOUVÉ (Ernest).

Après avoir sommeillé pendant de multiples séances à l'audition de discours académiques, il fabriqua : *L'Art de la Lecture*. Il reconnut ainsi la nécessité d'une méthode qui aidât à débrouiller les phrases inextricables de ses confrères et les siennes.

LEGUÉ (Dr Gabriel).

S'est complu aux aventures alvines des Possédées de Loudun, et les a dites en un volume gorgé de textes, secoué de râles et taché.

LEMAITRE (Jules).

Appartient à cette catégorie des Normaliens — c'est la plus dangereuse — qui feignent de comprendre quelque chose.

LEMERRE (Alphonse), éditeur. — (*)

LEMONNIER (Camille).

DANS le bassin de la Senne, ce Flamand rose et blond règne sur un peuple de batraciens aux croassements laudatifs.

LEMOYNE (André).

« FIDÈLE aux coteaux modérés, ami des vallons et
» de la verdure. M. André Lemoyne n'a pas le grand
» vol des aigles : une plume de cygne suffit à son am-
» bition. Après avoir encouragé ses débuts, c'est une
» récompense qu'aujourd'hui l'Académie décerne à
» ce brave ciseleur de vers, dont le mérite n'est dé-
» passé que par l'élévation de ses sentiments et la di-
» gnité de sa vie modeste. »

(Académie Française. Séance annuelle, du 25 novembre 1885. Rapport de M. Camille Doucet, secrétaire perpétuel.)

Nous nous associons à l'expression émue de cet apitoiement.

LEPELLETIER (Edmond).

Son style. Style! Style? «... l'idéal infini, et aussi
» la terrestre réalité dont ne peuvent se détacher
» nos membres retenus par l'immuable loi de la pe-
» santeur qui, par une loi fatale et inviolable, réagit
» sur l'âme et la rive, à son tour, serve résignée, à la
» glèbe maculée de sang, ensemencée de sottises,
» notre domaine infranchissable. »

(*L'Echo de Paris*. Nov. 1885).

LESCLIDE (Richard).

Vieux domestique proposé pour le prix Montyon.

LISBONNE (Maxime).

Cabaretier, inventeur des chapeaux de haute forme à bords plats. Allure replète et tassée, commune aux marchands de vin. Tête bouclée de garçon coiffeur. A porté, lors de l'insurrection de 1871, une superbe tunique à petits plis en drap vert olive. C'est là sa vraie gloire.

LESSEPS (Ferdinand de).

ENTREPRISES de terrassements. Nursery Accidents de cheval.

LORRAIN (Jean).

UN gars. Il n'a pourtant pas su violer la rime.

LOTI (Pierre).

DANS un style tendre, il peint avec du bleu tendre, du vert tendre, du rose tendre et du noir tendre, la mer, les floraisons tropicales, les visages des bons marins et les appas des petites moricaudes.

M

MACE (Jean).

Athée. Il ressemble au Père Eternel des vitraux. Et comme il ne se découvre à lui-même aucune qualité divine, il conclut, par une induction hardie de la similitude physique à la similitude spirituelle, que son sosie n'est pas Dieu.

Les sous-chefs de bureau l'estiment pour un livre, l'*Histoire d'une Bouchée de pain*, que l'on donne en prix à leurs enfants.

MAGNIER (Edmond).

Un Meyer chrétien. — Un Laffitte moins l'astuce. — Digne en tous points d'être le directeur de *l'Evénement*.

MALLARMÉ

Issu des amours tératologiques de mademoiselle Sangalli, du Père Didon et de l'illustre Sapeck.

MALOT (Hector).

A si peu de talent que Vallès faisait son éloge.

MARET (Henry).

Par les aoûts les plus blancs, est enveloppé de peaux comme un Samoyède. Au Palais-Bourbon, il a, en 82 ou 83, « rapporté » le budget des Postes et des Télégraphes, — sans génie. Dès lors, il s'est tu, de peur de s'enrhumer. Mais, au *Radical*, ses articles ont des muscles, des nerfs, et pas d'ouate.

MARGUERITE

Nom de plusieurs actrices.

MARGUERITTE (Paul).

Auteur de *Tous quatre*, roman par anticipation qui traite de la vie d'un artiste pendant les vingt dernières années de ce siècle, — façon Berthoud et Robida. Un bon livre.

MARIETON (Paul).

Jeune homme doux, mais fatigant. Félibre de naissance. Elève du perruquier Jasmin, il dépassa rapidement son maître et devint le plus intrépide raseur de tout le Félibrige, ce qui n'est pas un mince mérite. Ayant découvert un pastour auquel il trouva du génie, il le prit sous sa protection, l'imposa aux masses et en fit le grrrrand Mistral. Allah ! Mistral est grand et Mariéton est son prophète.

Signe particulier : S'occupe beaucoup de décentralisation. — Va prochainement présenter Joséphine (Soulary) à l'Académie.

MARMIER (Xavier).

J'ai vu dans son fauteuil ce vieillard cacochyme.

MARPON.

Gagne en pariant sur de bons chevaux, gagne en éditant de mauvais romans et gagne de l'embonpoint.

MARTEL (Tancrède).

Ce paladin décadent, au nom illustré par deux célèbres pourfendeurs n'a conservé des anciens chevaliers que leur devise : — Dieu et ma dame ! De là : *La main aux Dames*, avec préface de Bossuet.

MASSENET (Jules).

Un saxophone.

MAUPASSANT (Guy de) — N. C.

MAY (Jane), née en 1860.

La rosière d'Asnières.

MAZADE (De).

Qu'importe? l'on vous dit qu'il est grave, très grave.
(Josephin Soulary).

MEISSONIER.

S'est enrichi par de louches négoces : fait le trafic des petites toiles, comme on ferait celui des petites filles. Sa devise : « Peignons sur rue. » Une loupe, une patience de micrographe, beaucoup de barbe, une intelligence obturée et une garde-robe de costumes de carnaval, — Roybet, Domingo, tant d'autres, ont, eux aussi, adopté ce matériel d'atelier, et ont parfaitement réussi à faire des Meissonier encore plus mauvais. On doit à madame Mackay la critique la plus fortement argumentée des œuvres de cet homme.

MENDÈS (Catulle).

Xavier Ricard vêt-il la bure,
En quel trou Mérat a buté,
Où sont Lesclide et Lefébure,
Nina, tendre comme un pâté,
Et le bon poète Pâté ;
Marras, qui de la tarentule
Des sombres mélos fut hanté?
Mais où sont tes cheveux, Catulle!

MERMEIX.

Journaliste.

MEYER — Voir Arthur.

MÉTÉNIER (Oscar).

Ami particulier de nos assassins les plus en vogue. Œil mobile et rotin en main, de minuit à deux heures, s'attable dans l'arrière-salle des mastroquets du quartier Galande, avec des diplomates, des momentanées, des dominicains, des bas bleus ou des industriels, qu'il pilote. Une chaire d'argot sera instaurée à son intention au Collège de France, dès qu'un ministre moderniste supplantera le marmiteux Goblet. En attendant cet enseignement officiel, lire la *Chair*, où tumultue une cohue de personnages de tous sexes et de tous mondes, surtout du monde où l'on dégringole les pantes. Le sang-froid et la verve se combinent en cet actif homme, au corps concis, à l'aspect japonais, aux gestes saccadés qui lancent au but les paroles.

MICHELET (Emile).

L'autre. Il confesse Bourget et Barbey. Fait de jolis vers qu'il cache.

MILLAUD (Albert).

ULYSSE ne pouvait se consoler du départ de Calypso.
» Dans sa douleur, il se trouvait malheureux de
» n'être point immortel. L'hôtel du *Figaro* ne réson-
» nait plus de son doux chant. Les garçons qui le
» servaient n'osaient plus l'approcher. Il avait sans
» cesse les yeux fixés sur le point de l'horizon où il
» avait vu disparaître le vaisseau qui L'emportait, et,
» avec Elle, *les belles recettes* des Variétés. »

» ...... Et plorans, ploravit in deserto et noluit con-
» solari, quia non sunt. »

MIRBEAU (Octave).

A DÉFENDU l'impressionnisme, secoué les cabotins et les paltoquets de lettres.

MONET (Claude).

La Fée-aux-bois, non chiche,
Sur sa palette en fleurs
A de la corne riche
Renversé les couleurs.

MONSELET.

Gastronome. Et puis ?

MONSIEUR OHNET. — N. C.

MORÉAS (Jean).

DARDE les ténébreuses moustaches et aussi, derrière un monocle circulaire, l'arrogance d'œil d'un homme dont toute la famille a joué un rôle dans le grand cabotinage de l'Indépendance grecque. Ce giaour, son Athènes natale abandonnée, vécut à Prague, à Florence, à Cologne, puis devint littérateur français à Paris. Poèmes savants et rébarbatifs, contrôlés par une échométrie de précision, teints de colorations minérales. A travers leur symbolisme rôde et plangore une adventice et hagarde faune de bêtes, de nains et de nigromans qu'il affène de synecdoques et d'anacoluthes. Dit volontiers de sa voix de métaux : Baudelaire et moi, *les Fleurs du Mal* et *les Cantilènes*. Protège Shakespeare, Cervantès, Stendhal et les petites bouquetières

MOREAU.

Gustave comme Flaubert, et, comme lui, peintre d'hiératiques Hérodias. A son nom seul, dans la jeune littérature, on s'évanouit d'angoisse admirante. Emoi qui, du reste, est simple affaire de bon ton, car ces aquarelles, où s'exalte le fauve rêve de civilisations périmées, sont détenues, toutes, par deux banquiers sémites, jalousement.

MORICE (Charles).

Lyonnais, il a, de son compatriote Chenavard, l'achromie et les idées générales.

MOSTRAILLES (L.-G.)

Monstre bicéphale. Bicéphale ou tétrapode ? Trézenik et Rall représenteraient-ils réellement deux têtes ou bien quatre pieds ?

LES DEUX MOUNET.

Je ne les rêve pas vraiment,
O Scribe, dans ton répertoire !
Pour eux le fer, pour eux la moire,
L'or massif et le diamant !

Pour eux la tempête des rimes
Dans les alexandrins fougueux,
Qu'ils soient des sires ou des gueux !
Mais que l'on cherche ailleurs des grimes

Pour nous débiter du Sandeau,
Du Delpit ou bien du Deslande
Dans les baraques qu'achalande
Un public à tête de veau.

N

NADAR.

Que de seins il photographia !

NADAUD (Gustave).

CHEVROTE encore des gaudrioles sur la Gascogne, la gendarmerie, les oncles, les étudiants, et les grisettes. C'est à peine supérieur à du Béranger.

NIZET (Henri).

EST arrivé, hier, à Paris, par le train de Bruxelles. A laissé trois romans en gage à son pays où il ne retournera jamais et qu'il vilipende d'un cœur allègre. Gestes sécants. Nez fantasquement penché sur la déchirure d'une bouche prompte aux mots drôles et explosifs.

ORFER (Léo d').

PUBLICISTE erratique, grandiloquent et halluciné. Le Warwick à la fois et le Saltabadil des petits périodiques de lettres. Par lui ils naissent et meurent. Pachalesquement, il dispense ses faveurs aux femmes de plume.

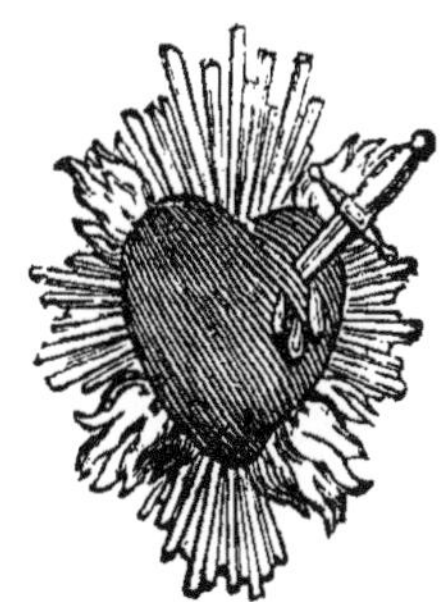

P

PASTEUR (Louis).

L'ART d'élever des lapins devenant suranné, il exploita l'art d'en poser, et s'en fit cinquante mille livres de rente.

PAULIN-MENIER (René Leconte dit).

Un artiste absolument parfait. *Enlevez, c'est pesé!*

PÉLADAN (Joséphin-Mérodack).

ALCHIMISTE. Il fit de l'or. Un louis de ce métal lui coûta environ cinq mille francs; se dégoûta du métier et piocha les phrases peu claires pour épater le bourgeois. Commença dans *l'Echo de Paris* un feuilleton : *Curieuse* ; mais le rédacteur en chef, après quelques colonnes d'essai, lui intima l'ordre d'avoir à cesser son fatras dans les quarante-huit heures et de guillotiner sa *Curieuse* d'un épilogue hâtif. Il s'exécuta en essuyant ses pleurs avec les mèches folles de sa longue chevelure.

PIJARDIÈRE (Louis de la Cour de la).

ARCHIVISTE-PALÉOGRAPHE, né en 1832. On lui doit: les *Garçons de café de Paris*, ainsi qu'un rapport sur la découverte d'un autographe de Molière dans les archives du département de l'Hérault.

PICA (Vittorio).

Devant un vers mallarméen, il arrive parfois que la perspicacité des disciples s'effare. Leur angoisse est brève : une dépêche à Naples, — et Pica, d'un prompt télégramme, élucide le verbe de S. M. — Récemment encore un philologue thibétain le consultait sur l'interprétation d'un manuscrit rédigé dans quelque sous-dialecte mandchou du temps de Kong-Fu-Tse. — Ce cryptographe dompte la rébellion des textes les plus farouchement armés. Dans vingt gazettes de la péninsule, il développe sur les lettres françaises des opinions dont le seul énoncé liquéfierait tous nos directeurs de journaux : à son œil, Paul Alexis est timoré, et Paul Verlaine fait des concessions à la foule.

PINARD (Albert).

Rien d'Albert Wolff.

PISSARRO (Camille).

Maraîcher impressionniste. Spécialité de choux.

PITTIÉ (Francis).

Plus poète que soldat, — plus soldat que poète. Ses armes : une épée et une lyre. Laquelle est la plus dangereuse ?

POICTEVIN (Francis).

Sur des soies japonaises, peint de fleurs grêles, des ciels, des bonzes, des femmes de rêve, puis cogne du gong.

PONTMARTIN (Vicomte Armand de).

Jadis, le Claretie du Cléricalisme. Ce vieux goupillon exsude encore de pénibles gouttes que recueille le bénitier de la *Gazette de France*. Des citations seraient joyeuses.

POREL.

C'est encore le moins bête des théâtrônes.

PUVIS DE CHAVANNES.

Par-dessus les massifs, au fond du Bois sacré
Qui se recule,
Des spectres radieux volent dans l'air nacré
Du crépuscule.

Du cœur des lauriers verts émergent des frontons
Vierges de rides,
Et l'on croit écouter l'accord des barbitons
Des Piérides,

Antique chanson du Parnasse et de l'Ossa,
Chanson future !
— Et l'imbécile dit : Je n'ai jamais vu ça
Dans la nature.

PYAT (Félix).

Chez quel conservateur des hypothèques fut donc bocalisé ce vieux chiffonnier romantique ?

R

RACHILDE, née en 1865.

Elle a fait poser Mendès, qui la croit sincèrement une énigme vivante. Au physique, hommasse quoique grêle, un air de modiste dépravée. Du talent en somme. Signe particulier : — Elle taille ses plumes avec un canif — toujours le même et quand même, — au manche d'or et de fer.

8

RAFFAELLI (J.-F).

Du gris, et de la suie, et du charbon de terre,
Des arbres étonnés d'être encore debout,
Un monsieur tourmenté par son propriétaire,
Des leaders de meeting aux airs de marabout.

RECLUS (Les)

Onésime — Elisée,
Elisée — Onésime,
Quelle billevesée!
Onésime — Elisée,
Eternelle risée,
Chose infinitésime !
Onésime — Elisée,
Elisée — Onésime !

REDON (Odilon).

Dans ton œuvre sans nom, lucide allégoriste,
C'est un œil grand ouvert de mage chaldéen;
C'est la dolente fleur, être paludéen
Surgissant de l'eau grise, embryonnaire et triste;
Au bord du monde obscur, par le rêve battu,
C'est tout à coup, dans l'air que la lumière crible,
Avec son menton dur et son profil têtu
La déesse de l'Intelligible.

REMACLE (Adrien).

Pourquoi s'ensuisse-t-il, ce Burgonde ?

RENAN (Ernest).

Est devenu, sur ses vieux ans, le meilleur élève de Maurice Barrès. En douillette et dans les ajoncs, il marie de fins airs de biniou aux cloches sonnantes de la chimérique ville d'Is. Ses in-8°, il s'en gausse, en mode discrètement mineur, cet adipeux nihiliste.

RENOIR.

Un pissenlit à trois cents pas et ses caméléonins personnages sont verts, — une cétoine en l'air, et ils se violacent. Dans les gloires de flambantes lumières, — Renoir les groupe autour de tables de restaurants suburbains, les meut en couples de danse, les assied sous des plantes, les dresse sur les galets.

RENOUARD.

CHATS, danseuses, cochons, boursiers, — exprimés, mouvements ou obésité gisante, en curieux crayons.

REVILLON (Tony).

FAUBOURG Antoine, sa tête de bon chien bressan et son prénom l'ont rendu populaire. Ses métaphores sont très goûtées, en livraisons à deux sous, dans les ateliers de blanchisserie.

RICHEPIN

TOURANIEN. Il a le mépris des lois et de la littérature.

RIVIÈRE (Henri).

Ses omnibus roulent beaux comme les tilburys du vieux Guys. Ses petites femmes se campent en une canaillerie jolie. Ses croque-morts, — avant lui les croque-morts n'existaient pas en art, — sont encore plus sinistres et pochards que nature.

ROCHEFORT.

Un psylle qui dresse des couleuvres à se glisser dans les poches, les tabatières, les narines, les potages, les pipes et les portefeuilles des ministres.

ROD (Edouard).

Dirige ou doit diriger un pensionnat de demoiselles à Bonn-sur-le-Rhin.

RODIN (Auguste).

Honteux du rôle qu'il jouait dans Suë se fit sculpteur pour se réhabiliter. Y réussit.

ROLLINAT.

Epouvantail pour vieilles dames spirites.

ROPS.

Naquit, probablement, rue de la Montagne-aux-Herbes-Potagères ; mais il insinue volontiers — pourquoi ? — que ses ancêtres plantaient leur tente errante sur les bords du Danube. — S'oint de fards, se teint, se vêt d'une chemise sang : apparaît, il le veut du moins, tel qu'un Satan sarcastique. Ce tableau quotidien parachevé, il remet ses couleurs dans sa toilette, et grave de symboliques femmes empalées au ventre des Béhémots, d'érectiles et blafards rêves, des illustrations pour les *Diaboliques*, la *Bible*, les *Fleurs du Mal*. Peintre de phallus comme d'autres sont peintres de paysages.

ROUANET (Léo).

Un méridional froid, qui voudrait bien n'être pas de son pays. Dirige de Paris avec beaucoup de tact une revue: *Le Passant*, qui mériterait de paraître ailleurs qu'à Perpignan.

S

SAINTE-CROIX (Camille de).

Par dix Réaumur au-dessous de zéro, arpente, comme des planches, les trottoirs, en pantalon et léger veston moulants, sans manteau : torse oblige. Fonde chaque hiver de fugaces revues où il plante des articles acuminés. Sous ce titre la *Mauvaise Aventure*, il a publié un précieux guide du parfait Souteneur.

SALIS (Rodolphe).

Cabaretier héraldique, peintre, orateur, éditeur, candidat perpétuel à toutes élections, ce Berrichon de la Suisse revendiquera jusqu'à son lit de mort les imprescriptibles droits de Montmartre.

SARAH BERNHARDT, née le 22 oct. 1844.

Sarah Bernhardt.

SARCEY (Francisque).

Voir : Ugalde (Marguerite).

SARDOU.

Grand propriétaire.

SARGENT (John).

Est arrivé, — comme Moréas, — par les femmes maigres. Gauthier-Villars, Reinwald, Félix Alcan, pour illustrer leurs publications d'histoire naturelle, à la section *Ostéologie* et *Chondrologie* font, chaque été, graver ses tableaux du Salon.

SAVINE (Albert).

Le Buffon de la littérature espagnole. Grâce à lui, nous en avons fini avec le *traduttore, traditore*.

SCHERER (Edmond).

HELVÈTE ? Il se pourrait. Calviniste ? Peut-être. Sur Baudelaire :

« Pour être matériellement correcte, sa manière
» d'écrire n'en est pas moins méprisable. Partout un
» esprit lourd et prétentieux, partout l'impuissance et
» le vide. Baudelaire est un signe d'abaissement gé-
» néral dans les intelligences. CE QUI EST GRAVE, en
» effet, ce n'est pas qu'un homme se soit trouvé pour
» écrire quatre volumes comme les siens, c'est qu'un
» pareil homme ait un nom, c'est que nous le prenions
» au sérieux, c'est que MOI-MÊME JE SOIS LA OCCUPÉ A
» LUI CONSACRER UN ARTICLE. »

Sur Flaubert :

« Ce livre (*l'Education sentimentale*), impatiente
» parce qu'il est mal composé, et il blesse, parce qu'il
» méconnaît les sentiments et les habitudes de l'homme
» comme il faut. »

Sur Balzac :

« Le fait est que je donnerais tout Balzac pour une
» page de français exquis. »

SCHOLL

Le dernier journaliste d'esprit qui porte le monocle à gauche.

SERVIÈRES (Georges).

Un naturaliste jeune, strictement observateur, mais pourquoi si grincheux ?

SEURAT.

Il brosse des eaux qui coulent, des verdures en relief et l'air qui synthétise tout cela.

SIGNAC.

Un tout jeune.

Au pinceau : des largeurs bleues de fleuve ensoleillé ; des eaux clapotantes ; à travers une fenêtre, des toits dans une limpidité d'air.

SILVESTRE (Armand).

Au bord du lac où va le cortège des cygnes
Les chastes nénufars étalent leurs candeurs,
Et sous le vain regret des défuntes odeurs
Les vases de nuit ont des tristesses insignes.

Puisque la Mort s'arrête au besoin triomphant,
Fantômes radieux et doux des fiancées,
Revenez, revenez sur les chaises percées
Sous l'oblique Regard dont nul ne se défend.

O douceur ! O parfum ! Et toi, la Commandante,
Laisse ton cœur rêver à l'amoureux andante
Où flûte tout à coup l'accord des vents plaintifs.

Cependant que là-haut, dans la nuit calme et brune,
Par-dessus le fourré de broussailles et d'ifs
Montent nonchalamment les fesses de la Lune.

J. M.

SIMON (Jules).

Frère prêcheur, qui, impudemment, a troqué son nom, bien caractéristique, de Jules Suisse, contre le nom d'un magicien. Écoutons son dernier prône sur des matières auxquelles le texte et les vignettes de son eucologe l'avaient peut-être insuffisamment préparé : « Vous avez des arts qui n'échauffent ni ne » relèvent, une littérature qui ne se charge que de » vous désennuyer ou de surexciter vos mauvais ins- » tincts. Vos philosophes mêmes tiennent à honneur » de mettre tout en question et d'enseigner le scepti- » cisme aux éphèbes. Ah ! peuple de décadence... » (Le *Matin*, numéro du 16 décembre 1885).

STOCK (Librairie Tresse).

En feignant d'éditer exclusivement des ours dramatiques, ce grand et maigre jeune homme au visage mélancolique, médite des révolutions. Il réunit une phalange de plumitifs qu'il espère voir subsister parmi l'écroulement des littératures régnantes.

SOURY (Jules).

ALIÉNISTE rétrospectif. Soigna Jésus-Christ d'une névrose vésanique.

SUISSES (Les).

LES Belges repoussés, les Helvètes descendirent du Jura, de l'Oberland et du Saint-Gothard, sournoisement, guidés par les saronides Mathias Morhardt, Emile Hennequin, Duchosal, Edouard Rod, Adolphe Ribaux, etc. Endosmose plutôt qu'invasion. Un matin Paris stupéfait s'éveilla sous leur joug, et l'on entendit le Ranz des Vaches au boulevart Poissonnière ; et, sur l'asphalte, les porte-plumes valaisans et vaudois sonnèrent comme hallebardes. Le Périgord les enforcit de Gabriel Sarrazin. Par durs décrets de leurs feuilles officielles *la Suisse Romande, la Revue Contemporaine, la Revue de Genève*, ils voulurent imposer le gris et le calvinisme. Mais on désobéit à ces sectaires qui, lors, regagnèrent leurs lacs nataux.

SULLY PRUDHOMME.

Académicien honnête et studieux.

T

TAILHADE (Laurent).

Floriculteur mystique. Ne ménage pas suffisamment les susceptibilités des petites dames.

TESSANDIER (Mademoiselle).

Dans le château de Dunsinane
Pas une torche et pas un bruit.
Sur les créneaux lugubres plane
La complicité de la nuit.

La lune est morte, et la rafale
Regagne le septentrion
Sur sa monture tricéphale
Comme le monstre Géryon ;

Et par les bruyères pelées
Où miaulent de maigres chats,
Les sorcières échevelées
Battent leurs fauves entrechats.

« Va-t' en, va-t' en, maudite tache !...
» Fi donc ! un guerrier, tant d'effroi !...
» Que nous importe qu'on le sache
» Quand je serai reine et toi roi !...

» Prends cette dague bien fourbie,
» Elle te montre le chemin...
» Tous les parfums de l'Arabie
» Ne sauraient point laver ma main ! »

Dans le château de Dunsinane
Pas une torche et pas un bruit.
Sur les créneaux lugubres plane
La complicité de la nuit.

TAINE (Hippolyte).

Applique dans l'histoire littéraire les procédés de la science agronomique. D'un pays étudie la nature du sol, la topographie, le climat, puis se représente une génération d'artistes comme une poussée de cèpes, de betteraves, de sycomores et de choux de Bruxelles.

TANCHARD (Alexandre).

Très long, étique, vêtu de bêtes, coiffé d'astrakan, il est chéri des dames de Bullier et du carme défroqué José.

THEURIET (André).

Garde-champêtre.

TISSOT (J.-J.)

Né à Nantes, ce peintre alla, pour une cataracte, consulter en Angleterre un oculiste japonais, qui lui inséra dans les orbites des yeux fabriqués à Southampton, et l'initia aux sciences sacrées. Depuis, ses expériences de magie et de spiritisme réussissent à souhait ; mais quand il veut exécuter *la Femme à Paris* ou les eaux-fortes de *Renée Mauperin*, il semble qu'on entende : « Aôh, mademoâselle... »

TISSOT (Victor).

Fait de la pornographie anti-allemande.

U

ULBACH (Louis).

ROMANTIQUE halbrené qui, hebdomadairement, dans le *Rappel*, donne sa bénédiction à tous les écrivains qui la méritent.

UGALDE (Marguerite).

Dans la diction de mademoiselle Ugalde, on retrouve la main de sa mère. »

(Francisque Sarcey).

V

VACQUERIE et MEURICE.

Décédés le 22 mai 1885, à une heure de l'après-midi, avenue Victor-Hugo.

VALABRÈGUE (Les).

On ne saurait les distinguer que par leurs prénoms, et nous les avons oubliés.

VALADON (Jules-Emmanuel).

Toujours trente ans. Un maître de l'intimisme humble. A renouvelé Chardin. Bassines de rosette, vieux poêles, marmites clopinantes, fers de repasseuses, cruches essorillées, assiettes fendues femmes fluides, poètes symboliques ; aubergines, raiforts, courges, cives, aulx.

VANIER (Léon), éditeur.

Il n'est pas encore décoré.

VERNE (Jules).

Médaille à toutes les expositions industrielles.

VERLAINE.

Dès ses débuts, la fatalité de son nom l'entraîna vers les Rimbauds : de là, des mésaventures conjugales et judiciaires, auxquelles nous initient sa prose et ses poèmes. Malaxe, selon des formules complexes, la matoiserie, le fumisme et la candeur ; sur cette mixture, nage l'indécision de parfums tendres et nostalgiques, que dominent, par coups, de rudes relents de sang : Mendès feint de ne rien sentir ; de Banville joue la bénévolence ; de Lisle fronce une dédaigneuse narine. Verlaine fut maratiste, athée et communard. La vie contemplative l'a transformé : du dernier bien avec les saintes les mieux en cour, il confit dans le papisme. La politique le sollicite parfois : alors il déclare que ce qu'il faut admirer dans Napoléon Ier, c'est le Veuf. — Sa magnifique hure de Tongouse ivre et goguenard a humé l'air de nombreux patries, geôles, églises, tavernes et paquebots ; récemment, il habitait la forêt des Ardennes, comme une Rosalinde ; il gîte aujourd'hui près de la place de la Roquette, sur laquelle il périra sans doute, et, par là, il enfoncera définitivement François Villon.

VÉRON (Pierre).

Ce Véron, a-t-il l'œil vairon ?
Il paraît qu'il porte barbiche.
Mais vaut-il le docteur Véron ?
Ce Véron a-t-il l'œil vairon ?
Est-il natif de l'Aveyron ?
J'ignore et même je m'en fiche !
Ce Véron a-t-il l'œil vairon?
Il paraît qu'il porte barbiche. J. M.

VIDAL (Jules).

Un Daudet qui fait des poids.

VIGNIER (Charles).

Mines ambiguës sous des cheveux qui hésitent à brunir. Aquarellise de frêles poèmes, combine savamment l'entrelacs de ses contes d'art. Un collier de fleurs-de-lys en argent. Dans la vie privée, c'est, comme dit Beyle de Racine, « uu homme lâche et cruel ». F. F.

VIEILLES LUNES (Les).

Thérésa, née le 25 avril 1836.
Isaac, née le 17 janvier 1853.
Montaland (Céline), née le 10 août 1843.
Mauri (Rosita), née le 4 août 1850.
Nillson, née le 3 août 1843.
Pasca, née en 1836 (en automne).
Judic, née le 18 juillet 1836.
Maizeroy (René), née le 21 janvier 1836.
Ratazzi (princesse), née en 1833.
Réjane, née le 18 juin 1858.
Rousseil (Rosélia), née le 31 mai 1836.
Bartet, née le 27 juillet 1855.
Grandfort (Manoël de), née le 5 octobre 1832.
Hading (Jane), née le 25 novembre 1855.
Hugues (Mme Clovis), née en 1836.
Heilbronn (Marie), née en 1850.
Krauss (Gabrielle), née le 25 mars 1842.
Jouassain, née le 29 juin 1829.
Pifteau (Benjamin), née le 6 février 1836.

VILLIERS DE L'ISLE-ADAM.

Barbey rêve un bon bureau
Au ministère des Cultes.
Je voudrais être bourreau.

Bloy suit le cours de Caro.
Dierx, tu peins ! Sarah, tu sculptes !
Barbey rêve un bon bureau.

C'est à l'ombre du sureau
Que Cladel fuit les tumultes.
Barbey rêve un bon bureau.
Je voudrais être bourreau.

VITU.

Le catarrhe de dame Critique.

WILLETTE.

L'Améric Vespuce du Pierrot noir de Chéret. A barbouillé de hideuses couleurs un *Mauvais Larron*, imaginé par Rops.

WHISTLER (James).

De symphonies d'ombres émergent des êtres d'élégance délicate et serpentine, lointains et qui inquiètent.

WOLFF (Albert),

Inventeur de la langue qui porte son nom. Au moyen de cet idiome, il narre dans le *Figaro* le geste des personnalités royales, princières, ducales, etc., la couleur de leurs chemises de nuit, la capacité de leur pot de chambre et le détail de leur menu. On demande quels sont les imbéciles que cela peut bien intéresser.

WYŻEWA (Fédor Fédorowitch de).

Oblomoviste montmartrais.

XAU (Fernand).

Reporter ubiquiste. Interviewe par gestes les reines de l'Afrique Centrale de passage à Paris sur les détails les plus méticuleux de l'administration de leurs territoires.

YAMAMOTO.

Dans l'eau sans borne, une barque minuscule,
Dans les ciels sans borne, un oiseau comme un point,
Des arbres que c'est comme s'ils n'étaient point.
O ces dégradations de crépuscule !

Z

ZÉNON-FIÈRE.

Philosophe stoïque converti au catholicisme romain. Poésies translucides, profil zurbaranesque, conversations halurgiques.

ZOLA

Il plafonne de l'œil comme Sarah Bernhardt. Il porte des bas rouges comme les petites couturières aux semaines mauvaises. Il enfle du ventre comme Busnach. Il est épique comme Victor Hugo et chaste comme Albert Wolff.

INDEX

INDEX

—

A

B

C

D

E

F

G

H

I

J

K

L

M

N

O

P

R

P

R

S

T

U

V

X

Y

Z

TIRÉ

LE XXII FÉVRIER M DCCC LXXXVI

Sur les presses de

A. PICHAT, Imprimeur, a Chatillon-sur-Seine

pour

E. GIRAUD & Cie, Éditeurs.

www.ingramcontent.com/pod-product-compliance
Ingram Content Group UK Ltd.
Pitfield, Milton Keynes, MK11 3LW, UK
UKHW022103260726
13993UKWH00001B/287